„X-Tage"

Die Währungsreformen in Deutschland 1948

Burghard Ciesla

PD Dr. Burghard Ciesla ist Privatdozent für Zeitgeschichte und lebt als freier Historiker in Berlin.

Landeszentrale für politische Bildung Thüringen
Regierungsstraße 73, 99084 Erfurt
www.lzt.thueringen.de
2008

ISBN: 978-3-937967-35-6

Inhaltsverzeichnis

Einführung

Der 20. Juni 1948 war in weiten Teilen Deutschlands ein verregneter Sonntag. Niemand konnte sicher sein, dass die an diesem „X-Tag" in den Westzonen beginnende Währungsreform erfolgreich sein würde. Unter den Deutschen gab es nicht wenige Bedenken und Ängste. Für ihr altes Geld – 60 Reichsmark (RM) – erhielten sie im Tauschverhältnis 1:1 das so genannte Kopfgeld: zuerst 40 „Deutsche Mark" (DM) und zwei Monate später die restlichen 20 DM. Gekoppelt war der „Währungsschnitt" mit einer ordnungspolitischen Wirtschaftsreform. Diese Doppelreform war der entscheidende Unterschied zu der kurze Zeit später in der Sowjetischen Besatzungszone (SBZ) stattfindenden Währungsreform. Die staatliche Preisregulierung und Bewirtschaftung wurde im Westen Deutschlands weitgehend aufgehoben. Es etablierte sich dort wieder eine Marktwirtschaft, deren „soziales" Attribut zu einem Markenzeichen der sich später gründenden Bundesrepublik werden sollte. Das Zusammengehen von Währungs- und Wirtschaftsreform bewirkte bekanntlich bald einen ganz erstaunlichen wirtschaftlichen und gesellschaftlichen Aufstieg. Nicht von ungefähr wird heute die Währungsreform vom 20. Juni 1948 auch als der eigentliche Gründungsakt der Bundesrepublik Deutschland angesehen.

Doch war das von Anfang an eine solche Erfolgsgeschichte gewesen? Wie haben die Deutschen in den Westzonen reagiert, als ihnen von einem Tag auf den anderen ihre Ersparnisse einfach weg gestrichen wurden? Waren wirklich alle im Juni 1948 durch die scheinbar egalitäre Verteilung eines „Kopfgeldes" mit den gleichen Voraussetzungen in ein neues Leben gestartet?

Im Osten Deutschlands reagierte die Sowjetische Besatzungsmacht am 23. Juni 1948 auf das Vorgehen der Westalliierten. Dort wurde für den nächsten Tag auch eine Währungsreform angekündigt. Die Ostdeutschen bekamen an ihrem „X-Tag" für ihre Reichsmark jedoch kein neues Geld, sondern ihr „Kopfgeld" war eine provisorische „Kupon-Mark", da die neuen Scheine noch nicht fertig waren. Auf

ullstein bild 00310287

Bettelnde Kinder

das alte Geld – 70 RM pro Person– wurden ganz einfach Wertkupons geleimt, was dem Geld den Namen „Tapeten-Mark" einbrachte. Das wirklich neue Geld – die „Deutsche Mark der Deutschen Notenbank" – gab es erst einen Monat später. Das alles erweckt den Eindruck, als ob die Sowjetische Besatzungsmacht von den Westalliierten überrumpelt wurde, aber entsprach das den Tatsachen? Hatte sich Moskau überhaupt um eine gemeinsame Währungsreform nach 1945 bemüht oder nur auf Zeit gespielt? Wie und unter welchen Voraussetzungen vollzog sich der andere „X-Tag" im Osten Deutschlands?

Die beiden Währungsreformen im Juni des Jahres 1948 ließen vor allem zur Gewissheit werden, dass sich Deutschland künftig auf getrennten Wegen weiterentwickeln würde. In Berlin gab es als Folge der Währungsreformen sogar ein regelrechtes „Währungsduell", das die Teilung Deutschlands schon einmal im „Kleinen" durchspielte und die erste Krise des Kalten Krieges – die Berlinblockade – einleitete. Zehn Jahre nach der Währungsreform war die „D-Mark" der Westzonen zur „harten" Währung der Bundesrepublik Deutschland geworden. Für deren Bürgerinnen und Bürger wurde sie zum „Kern ihres Nationalbewusstseins". Die „D-Mark" der Ostzone entwickelte sich zu einer schwachen Binnenwährung und machte die Deutschen im Osten im Hinblick auf die Währung ihrer „Brüder und Schwestern" im Westen zu „Deutsche zweiter Klasse". Bis heute zeigt sich, dass die Währungsreform in den Westzonen ein Thema des öffentlichen Interesses ist, ihr ostdeutsches Pendant ist dagegen eine „vergessene Währungsreform" geblieben.

Im Folgenden wird die Geschichte der beiden „X-Tage" im Juni 1948 erzählt. Dabei geht es darum, zu erklären, warum die Deutschen dringend neues Geld nach dem Ende des Zweiten Weltkrieges brauchten? Die Frage stellt sich, wie im besetzten Deutschland auf Seiten der Siegermächte und der Deutschen über Pläne und Konzeptionen nachgedacht wurde und weshalb es im Juni 1948 separate Währungsreformen zuerst im Westen und dann im Osten gab? Wie waren diese „Währungsschnitte" organisiert? Welche Ängste, Hoffnungen und Absichten steckten jeweils dahinter und was bewirkten die jeweiligen Geldreformen?

Deutschland nach dem Krieg – Ausgangslage

Im Zweiten Weltkrieg starben schätzungsweise mehr als 50 Millionen Menschen. Davon entfielen über die Hälfte der Toten auf die Sowjetunion. Deutschland, von dem 1939 zum zweiten Mal im 20. Jahrhundert ein Krieg ausgegangen war, hatte eine Opferbilanz von etwa sieben Millionen Toten zu verzeichnen. Trotzdem wurden im verkleinerten Nachkriegsdeutschland die Bevölkerungsverluste durch die Flüchtlinge, Vertriebenen und „Entwurzelten" mehr als ausgeglichen. Die Zahl der Vertriebenen wird heute von der Forschung auf etwa vierzehn Millionen Menschen geschätzt, von denen etwa zwei Millionen starben. Von den verbleibenden zwölf Millionen Flüchtlingen und Vertriebenen kamen etwa sieben Millionen in das Gebiet der späteren Westzonen und rund fünf Millionen blieben in der Sowjetischen Besatzungszone (SBZ). In einigen deutschen Regionen erreichte die Zahl der aus ihrer Heimat

ullstein bild 30018043

Berlin 1945

vertriebenen Menschen einen Anteil an der jeweiligen Bevölkerung von bis zu 50 Prozent.

In allen Besatzungszonen gab es 1945 gewaltige Kriegsschäden. Vor allem wirkten sich die Zerstörungen des städtischen Wohnraums und der Infrastrukturen nachteilig aus. Im Osten Deutschlands lagen die Kriegszerstörungen bei etwa 15 Prozent der 1944 vorhandenen industriellen Kapazitäten. Im Westen Deutschlands waren diese etwas höher, da sich dort der alliierte Bombenkrieg stärker ausgewirkt hatte. Die Industrieproduktion kam bei Kriegsende überall zum Erliegen. Die finanziellen Verhältnisse waren hoffnungslos zerrüttet, weshalb alle Besatzungsmächte die lohn- und preispolitischen Regelungen aus der NS-Zeit in Kraft ließen und das Bewirtschaftungssystem der Kriegszeit weiterführten.

Mit der am 8. Mai 1945 erfolgten bedingungslosen Kapitulation übernahmen die alliierten Sieger die Regierungsgewalt über Deutschland. Die östlich der Oder und Neiße gelegenen deutschen Gebiete fielen an die Sowjetunion und Polen. Auf dem verbliebenen deutschen Territorium wurde eine amerikanische, britische, französische und sowjetische Besatzungszone gebildet, die jeweils von Militärregierungen verwaltet wurden. Berlin teilten die alliierten Sieger analog in vier Besatzungssektoren auf und setzten dort Stadtkommandanten ein. Trotz der Einteilung in Besatzungszonen bzw. Besatzungssektoren wollten die Alliierten Deutschland und Berlin als einheitliches Ganzes behandeln und gemeinsam regieren. Es wurde ein Alliierter Kontrollrat gebildet, der bis zum März 1948 die Zentralgewalt im besetzten Deutschland innehatte. Für die Viersektorenstadt Berlin wurde eine Alliierte Stadtkommandantur geschaffen.

Die von den Alliierten angestrebte gesamtdeutsche Regierungsgewalt war aber im Grunde genommen schon von Anfang an zum Scheitern verurteilt gewesen, da es auf der Potsdamer Konferenz im Sommer 1945 zu einem verhängnisvollen reparationspolitischen Kompromiss kam. Die Sieger konnten sich in der Frage der Demontagen und Reparationen nicht einigen. Sie legten deshalb fest, dass sich jede Besatzungsmacht in seiner eigenen Besatzungszone bedienen sollte. Diese Entscheidung kam einer reparationspolitischen Teilung gleich, da in der Folgezeit die alliierten Militäradministrationen in ihren Besatzungszonen autonom agierten. Die jeweilige Zonenwirtschaft wurde somit auf die Bedürfnisse der jeweiligen Besatzungsmacht ausgerichtet.

Warum konnten sich die Sieger aber gerade in der Reparationsfrage nicht einigen? Das hing einerseits mit den unterschiedlichen wirtschaftspolitischen Vorstellungen der Alliierten und auch mit deren Position bei der Bewertung der Folgen des Ersten Weltkrieges im Hinblick auf die Reparationen zusammen; andererseits hatte der von den Deutschen auf dem Territorium der Sowjetunion geführte rassenideologische Vernichtungskrieg zu unbeschreiblichen Zerstörungen und Verlusten geführt. Nach einer zeitgenössischen Schätzung waren etwa 30 Prozent des sowjetischen Nationalreichtums durch den Krieg verloren gegangen. Moskau bezifferte aus diesem Grund die zu leistenden Demontagen und Reparationen auf 20 Milliarden US-Dollar zu Preisen von 1938. Über diese damals gewaltige Summe sowie die Art und Weise der Kriegsentschädigungen wurde vor allem kontrovers diskutiert. In Potsdam bekam die Sowjetunion schließlich im Rahmen des oben erwähnten Kompromisses Demontagen und Reparationen im Wert von 10 Milliarden US-Dollar zugestanden. Damit hatten die Sieger des Zweiten Weltkrieges die Teilung Deutschlands 1945 sozusagen programmiert.

In den ersten beiden Nachkriegsjahren steuerte die wirtschaftliche und soziale Lage in allen Besatzungszonen in einen solch kritischen Bereich, dass die große Gefahr einer Destabilisierung der Gesellschaft bestand. Eine schwere Nachkriegskrise prägte den Besatzungsalltag der deutschen „Zusammenbruchsgesellschaft". Wesentlich trug zur Verschärfung der Krise bei, dass alle alliierten Sieger zunächst die Absicht verfolgten, Deutschland die Fähigkeiten zu nehmen, wieder einen Krieg zu führen. Die vier Besatzungsmächte waren deshalb an der Ausschaltung des deutschen Industriepotenzials interessiert.

Mit dem sich zwischen Ost und West zeigenden Kalten Krieg und Systemgegensatz setzte sich bei den Amerikanern und dann auch bei den Briten und Franzosen die Einsicht durch, dass der europäische Wiederaufbau nicht ohne den von ihnen besetzten Teil Deutschlands funktionieren würde. In den Westzonen wurden deshalb die Abrüstungsmaßnahmen zuerst in der amerikanischen und britischen Zone deutlich zurückgenommen. Das Anfang Juni 1947 vom amerikanischen Außenminister George Marshall verkündete Hilfsprogramm („Marshallplan") stellte einen unbestrittenen Wendepunkt dar. Im Rahmen des „Marshallplan" vergaben die Vereinigten Staaten nach Europa und in die Westzonen Wiederaufbaukredite bzw. erfolgten umfangreiche Lebensmittel- und Rohstofflieferungen.

Demgegenüber verfolgte die Sowjetische Besatzungsmacht weiter einen äußerst harten Demontage- und Reparationskurs in ihrer Besatzungszone. Bis zum Frühjahr 1948 wurden dort schätzungsweise 3400 Betriebe demontiert. Dadurch verringerte sich das industrielle Bruttoanlagevermögen auf etwa 75 Prozent des Standes von 1936. Die Kapazitätsseinbußen waren gewaltig und fielen deutlich höher als in den Westzonen aus. Zum Vergleich: In der amerikanischen und britischen Besatzungszone lag 1948 das industrielle Bruttoanlagevermögen trotz höherer Kriegszerstörungen, aber aufgrund geringerer Demontagen, mit 111 Prozent schon wieder weit über dem Vorkriegsstand.

Die sowjetischen Demontagen schädigten die industrielle Substanz der SBZ insgesamt stärker als die Kriegszerstörungen. Als die Sowjetunion 1953 die Reparationen offiziell für beendet erklärte, hatte der Osten Deutschlands die höchsten im 20. Jahrhundert bekannt gewordenen Reparationsleistungen erbracht.

Bundesarchiv Koblenz Plak 005-002-007

Geldverhältnisse und „schwarze" Marktwirtschaft

Der österreichisch-amerikanische Nationalökonom Joseph Alois Schumpeter (1883–1950) hat einmal treffend erklärt, dass sich im Geldwesen eines Volkes alles das widerspiegelt, was dieses Volk will, tut und erleidet. Die Frage der Währung beschäftigte im Nachkriegsdeutschland gleichermaßen intensiv die alliierten Sieger und die besiegten Deutschen. Geld – und das wussten auch schon die Römer – ist der Nerv aller Dinge („nervus rerum"). Nach dem Krieg hatte die Masse der Deutschen zu wenig zum Leben und zu viel zum Sterben. Die „schwarze" Marktwirtschaft bestimmte das Wollen, Tun und Leiden der Menschen in allen Besatzungszonen. Die Bedeutung der illegalen Märkte, auf die die Menschen zum Überle-

Handel während der Währungsreform

ben angewiesen waren, zeigte deutlich, welchen verschwindend geringen Wert das Geld der Deutschen im Nachkriegsdeutschland besaß. Schon aufgrund dieser Situation war eine Reform des Geldwesens zwingend erforderlich.

Der Zweite Weltkrieg war von den Nationalsozialisten maßgeblich mit der „Notenpresse" finanziert worden. Das System der „geräuschlosen Kriegsfinanzierung" hatte die Banken, Sparkassen und Versicherungen zu den wichtigsten Kreditgebern des „Dritten Reiches" werden lassen. Dadurch kamen die privaten Sparer und Geldanleger unwissentlich in ein Gläubigerverhältnis zum Staat. Weit mehr als 80 Prozent aller „Reichsschuldtitel" gingen zu Lasten der privaten Kontoinhaber bei den Banken, Sparkassen und Versicherungen während des Krieges. Dieses „Kartenhaus" fing ab 1942 an langsam zu „zerbröckeln". Die Inflation (Geldentwertung) wurde durch diese Art der Kriegsfinanzierung so stark, dass zu deren Beherrschung 1944 ein umfassender Preis- und Lohnstopp durchgeführt wurde. Mit einer Kombination von Steuerpolitik, Zwangssparen und Kontrollmaßnahmen versuchten die Nationalsozialisten zudem, ihr Rationierungs- und Bewirtschaftungssystem weiter funktionsfähig zu halten. Auf diese Weise gelang es bis 1944, die offene Preisinflation zu vermeiden. Zugleich türmten sich bei Kriegsende damit aber die Bargeldbestände, Bankguthaben, Spareinlagen und Schuldenlasten zu einem gewaltigen instabilen monetären „Gebirge" auf: Das Geldvolumen erhöhte sich von 40 Milliarden RM im Jahre 1933 auf schätzungsweise 320 Milliarden RM im Jahre 1945. Der Bargeldumlauf hatte sich von 6 Milliarden RM im Jahre 1935 auf 73 Milliarden RM bei Kriegsende aufgebläht. Die Bankguthaben betrugen 1945 über 190 Milliarden DM im Vergleich zu 30 Milliarden im Jahre 1935; die Reichsschuld stieg von 14 auf 380 Milliarden RM von 1935 zu 1945.

Wer konnte, versuchte schon während des Krieges in Sachwerte zu „flüchten" oder hortete schlicht Waren und verstärkte damit wiederum zugleich die Warenverknappung. Die so genannte Preismoral begann zu verfallen: Zigaretten, Tauschwaren und Nahrungsmittel tauchten als Neben- und Ersatzwährungen auf. Zwischen 1943 und 1945 rückte der Schwarze Markt in den Mittelpunkt der Bevölkerungsversorgung. Die „windige" NS-Kriegsfinanzierung hatte also vor Kriegsende zu Schwarzmarktpreisen, Schleichhandel und Vergütung von Dienstleistungen mit Naturalien im großen Stil geführt. Der Vertrauensschwund der Bevölkerung in die Reichsmark setzte schon vor dem Kriegsende ein.

Wann entsteht eigentlich ein „Schwarzer Markt" und was kennzeichnet ihn? Nun, der Mechanismus ist denkbar einfach: Übertrifft die umlaufende Geldmenge das Warenangebot bei weitem, wird die Währung als reguläres Zahlungsmittel nicht mehr akzeptiert. Die knappen Waren werden staatlich bewirtschaftet (Rationierung, Preisfestlegungen), dann entsteht ein „Schwarzer Markt". Extrem wird die Situation, wenn sich im Falle eines Zusammenbruchs, des Übergangs oder einer Katastrophe die staatliche Ordnung auflöst: Anarchie, Plünderungen und Faustrecht begleiten den „Schwarzen Markt". Trotzdem sichert der Tauschhandel gegen Geld oder Ware gegen Ware den Lebensunterhalt vieler Menschen in solchen Extremlagen. Deshalb waren Schwarzmarktgeschäfte für den Eigenbedarf eine Art notwendige Selbsthilfe und sie wurden in den ersten Nachkriegsjahren als Notwendigkeit angesehen.

Im Grunde existierten in allen Besatzungszonen bis 1948 drei Wirtschaftssysteme nebeneinander: es gab ein legales Bewirtschaftungssystem, das zumindest die Grundversorgung mit einem Minimum an lebensnotwendigen Gütern bewerkstelligen sollte, aber wegen fehlender Rohstoffe sowie eines schwer angeschlagenen Transport- und Produktionsapparates dazu nicht in der Lage war; ein illegales Tauschsystem Ware gegen Ware, und ein illegales System Ware zu Schwarzmarktpreisen in Geld gleichgültig welcher Währung. Solche schattenwirtschaftlichen Geschäfte wurden natürlich nicht nur von der Bevölkerung, sondern auch von Firmen und Einzelhandelsunternehmen im großen Stil getätigt. Die gängige Praxis des Naturaltausches führte in der Konsequenz dazu, dass Firmen knappe Güter horteten bzw. an den offiziellen Märkten vorbei direkt auf den Schwarzen Markt brachten, da dort höhere Gewinne erzielt werden konnten oder man sich einfach mit für die eigene Produktion dringend benötigten Waren und Halbprodukten versorgte. Geschätzt wurde nach dem Krieg, dass nur etwa die Hälfte der Produktion in den legalen Handel gelangte. In der Kriegs- und Besatzungszeit reichte das Netzwerk des Schwarzen Marktes in alle Kreise der Gesellschaft. Es herrschte in allen Besatzungszonen Deutschlands Konsens, dass für einen effektiven Wiederaufbau Deutschlands eine Währungsreform die Voraussetzung war. Mit einer Währungsreform sollte auch der Schwarzmarkt verschwinden.

Währungspolitische Neuordnung: Konzepte, Pläne, Versuche

Noch während des Krieges dachten die Alliierten über die künftige Organisation des Geldwesens in Deutschland nach. Zuerst ging es hierbei um die Schaffung einer einheitlichen Besatzungswährung für die alliierten Truppen. Schon im Januar 1944 hatte es von amerikanischer Seite einen Vorschlag gegeben, gemeinsam mit der Sowjetunion ein Zahlungsmittel, die M-Mark (alliierte Militärmark), für die Deckung der künftig auflaufenden Besatzungskosten zu schaffen. Bei der Diskussion um die M-Mark tauchte noch während des Krieges das Problem auf, das später auch bei den Diskussionen um eine gesamtdeutsche Währungsreform zwischen der Sowjetunion und den Westalliierten immer wieder eine Rolle spielen sollte. Moskau wollte Geld eigenständig und von den Westalliierten unkontrolliert drucken. Im April 1944 lenkte Washington in dieser Angelegenheit zugunsten Moskaus ein: Der Sowjetunion wurde der eigenständige Druck von alliiertem Militärgeld zugestanden. Die weitere Entwicklung war für die amerikanischen und britischen Finanzexperten ernüchternd, da die UdSSR zwischen 1944 und 1946 unkontrolliert große Mengen alliierten Besatzungsgeldes für Deutschland drucken ließ. Bis heute fehlen exakte Angaben über den Gesamtumfang des gedruckten Geldes. Die Schätzungen schwanken zwischen fünf und mehr als acht Milliarden M-Mark, die von der Sowjetunion in Umlauf gebracht wurden. Da diesen Scheinen kein entsprechender Gegenwert in Waren oder Währungen entgegen stand, war die Wertlosigkeit programmiert. Die Diskussion um die Emission der Militärmark durch die UdSSR führte 1946 im Alliierten Kontrollrat zu erheblichen Kontroversen. Die Sowjetunion geriet unter Druck, sodass Moskau im Juni 1946 die Emission der alliierten Militärmark einstellte. Anzumerken ist, dass die über Reichsmark und M-Mark finanzierten Besatzungskosten der sowjetischen Truppen in Deutschland außerordentlich hoch waren.

Nach einer zeitgenössischen Schätzung vom Mai 1946 überstiegen diese Kosten die der drei Westmächte zusammengenommen um das Doppelte. In der Gesamtsicht verschärfte die Sowjetunion die desolate Nachkriegssituation im deutschen Geldwesen dadurch noch mehr. Entgegen der offiziellen Zusicherungen war Moskau nicht dazu bereit, die Besatzungsfinanzierung mit der Finanzierung der Besatzungstruppen der Westmächte abzustimmen, um damit eine sinnvolle und einheitliche Regelung für alle Besatzungszonen herbeizuführen.

Natürlich dachten auch die Deutschen intensiv über eine Reform des deutschen Geldwesens nach. Wie bei den Alliierten hatte es schon während des Krieges geheime Pläne für die Zeit danach gegeben. Unmittelbar nach Kriegsende kam es von deutschen Finanzexperten, Volkswirtschaftlern und Finanzpolitikern zu einer regelrechten Flut an Reformvorschlägen und Währungsgutachten. Generell gingen diese von dem simplen Grundansatz aus, dass die Stabilisierung der Reichsmark eine notwendige Voraussetzung für die Verbesse-

Deutsche Bundesbank, Frankfurt am Main

rung der allgemeinen Wirtschaftslage sei. Hinzu kam noch ein ganz anderer Beweggrund bei all diesen deutschen Vorschlägen, Konzepten und Plänen: das „Inflationstrauma".

Die Erinnerungen an die chaotischen Finanzverhältnisse nach dem Ersten Weltkrieg und der „Geldschnitt" von 1923 waren eine traumatische Erfahrung im kollektiven Gedächtnis der Deutschen: Zuerst gab es eine Hyperinflation und dann folgte im Herbst 1923 eine Währungsreform. Der gewaltige Geldüberhang wurde durch die Ausgabe einer strikt limitierten Menge neuen Geldes schlagartig beseitigt. Die Reform führte innerhalb kurzer Zeit zum Erfolg, aber zugleich vernichtete der „Geldschnitt" den redlich ersparten Wohlstand der kleinen Leute. Das Kollabieren des Geldwesens im Jahre 1923 führte zu einer „traumatischen Schädigung" quer durch die deutsche Gesellschaft. Die Zerrüttung der Geldbeziehung hatte damals die gesellschaftlichen Beziehungen (Arbeiten, Wohnen, Versicherungen, Renten, Spareinlagen, Konsum, Familie) und dadurch zugleich die soziale Hierarchie radikal auf den Kopf gestellt. Den Deutschen war auf dramatische Weise erstmals die Gefahr eines „stoffwertlosen Geldes" vor Augen geführt worden. Diese „Fratze der Hyperinflation" war es, die Experten und „Ottonormalverbraucher" beschäftigte. Das Inflationstrauma bestimmte nach dem Kriegsende ganz wesentlich das Denken und schürte Ängste. Zugleich gab es eine große Erwartungshaltung, weil noch gut in Erinnerung war, wie die chaotischen Zustände mit einer Währungsreform radikal beendet wurden. Der Fahrplan von 1923 drängte sich nach 1945 geradezu auf: Am 15. Oktober 1923 kam es zur Gründung der „Deutschen Rentenbank", die wiederum eine strikt limitierte Menge „Rentenmark" mit fiktiven Deckungsgarantieren herausgab. Durch diese Konstruktion konnte in kurzer Zeit die Finanzierung des Haushaltdefizits über die „Notenpresse" beendet werden und der Staat gewann vor allem das Geldwertvertrauen der Bevölkerung zurück. Diese Erinnerung war es vor allem, die in den Nachkriegsjahren neben den Ängsten zugleich Hoffnungen beförderte.

Die praktische Finanzpolitik erwies sich für die Deutschen aber aufgrund einer fehlenden gemeinsamen deutschen Verwaltung und der jeweils eigenständigen Vorgehensweise der alliierten Sieger als sehr schwierig. Hinzu kam, dass die öffentlichen Finanzen in den jeweiligen Besatzungszonen unterschiedlich organisiert waren. Neben dem Alliierten Kontrollrat mit seinem Finanzdirektorium gab es in jeder Besatzungszone eine Finanzverwaltung der jeweiligen Besatzungsmacht. Diese kontrollierten über „Finanzoffiziere" wiederum die deutschen Verwaltungsstellen und Finanzeinrichtungen. Schon frühzeitig gab es in der Sowjetischen Besatzungszone zwei Besonderheiten im Vergleich zu den Westzonen. Die sowjetische Besatzungsmacht schloss bei Kriegsende alle deutschen Banken und sperrte die bis zum 8. Mai 1945 bestehenden Konten. Im Sommer 1945 ließ die SMAD neue Landes- und Provinzialbanken sowie öffentliche Sparkassen und Genossenschaftsbanken zu. Die neuen Landesbanken fungierten damit als Monopolisten im Großkreditgeschäft. Das traditionelle deutsche Bankensystem verschwand in der SBZ fast vollständig. Dem „Endverbraucher" war es nun nicht mehr möglich, eine Bank seiner Wahl bei Kreditgeschäften aufzusuchen oder über die bisherige Hausbank Geschäfte abzuwickeln. Lediglich in Sachsen und Thüringen erhielten 1945/46 noch einige wenige Privatbanken Zulassungslizenzen.

Im Verlauf des Jahres 1946 gab es eine Reihe Initiativen sowohl der alliierten Sieger als auch der Deutschen im Hinblick auf eine gesamtdeutsche Währungsreform. Die Diskussionen um die Währungsfrage blieben bei den Deutschen aber weitgehend auf Fachkreise beschränkt. Eine breite öffentliche Diskussion war in allen Besatzungszonen nicht erwünscht. Generell behandelten die alliierten Sieger alle Besprechungen und Planungen vertraulich.

Die SMAD legte schon am 3. März 1946 eine Konzeption vor, die darauf hinauslief, zuerst Provinz- und Länderbanken zur Emission einer neuen deutschen Währung zu schaffen, die von einer zentralen deutschen Institution unter der Kontrolle der vier Alliierten geleitet wurden. Als zweiter Schritt sollte ein Umtausch der neuen Mark gegen alte Reichs-, Renten- und Militärmark zum Kurs von 1:10 vorgenommen werden. In einem dritten Schritt war an die Abwertung aller Schuldverpflichtungen, darunter auch die Reichsschulden, auf 10 Prozent gedacht. Das bestehende Lohn- und Preisniveau sollte aufrechterhalten werden. Eine Emission der neuen Währung ohne Kontrolle durch alle vier Alliierten wurde nicht gefordert, was diese Initiative von allen späteren sowjetischen Vorschlägen für eine gemeinsame Währungsreform unterschied. Diese sowjetische Initiative vom März 1946 ist schon deshalb bemerkenswert, weil sich darin alle wesentlichen Punkte finden, die dann auch die Amerikaner einen Monat später vorschlugen. Diese Übereinstimmungen weisen darauf hin, dass es „frühe inoffizielle sowjetisch-amerikanische Kontakte" gegeben hatte. Außerdem berieten sich alle alliierten Sieger mit den deutschen Finanzexperten und stimmten sich mit diesen auch ab. Die Konzepte der Deutschen in den jeweiligen Besatzungszonen waren zwischen 1945 und Anfang 1948 wiederum recht ähnlich und es herrschte „Konsens über das Erfordernis einer Währungsstabilisierung".

Am 5. April 1946 lag die erste Fassung des umfangreichen und detaillierten amerikanischen Plans („Outline of a tentative plan for the liquidation of war finance and the financial rehabilitation of Germany"/ Plan für die Liquidation der Kriegsfinanzierung und der finanziellen Rehabilitation Deutschlands) vor. Die US-Finanzexperten Gerhard Colm, Joseph M. Dodge und Raymond W. Goldsmith hatten in Zusammenarbeit mit deutschen Finanzsachverständigen ein Reformkonzept vorlegt, das die Grundlage für die spätere Währungsreform in den Westzonen am 20. Juni 1948 bilden sollte. Später wurde dieser Plan dann nur noch als Colm-Dodge-Goldsmith-Plan oder kurz CDG-Plan bezeichnet. Nach einer zweiten Überarbeitung lag die dritte und endgültige Fassung des CDG-Plans am 20. Mai 1946 zur Annahme vor. Am 26. Juni 1946 billigte das State Department den Plan und ab September 1946 war er das amerikanische Schlüsseldokument für alle weiteren Verhandlungen um eine gemeinsame bzw. separate Währungsreform. Die Frage des Lastenausgleichs wurde übrigens im CDG-Plan zeitlich und organisatorisch von der monetären Währungsreform abgekoppelt. Was den Namen der neuen deutschen Währung betrifft, so findet sich dort der als „vorläufig" bezeichnete Name „Deutsche Mark" und auch die Abkürzung „DM".

Im weiteren Verlauf des Jahres 1946 und dann maßgeblich 1947 verschlechterten sich die Bedingungen und das politische Umfeld für weitere Verhandlungen um eine gemeinsame Währungsreform. Der Systemgegensatz und der sich damit mehr und mehr zeigende Kalte Krieg forderten ihren Preis und verhärteten die Fronten. Es vollzog sich ein deutlicher Kurswechsel bei der amerikanischen und britischen Deutschlandpolitik. Die Absichtserklärung der alliierten Sieger vom Sommer 1945, Deutschland als einheitliches Ganzes zu behandeln, erwies sich damit als immer schwieriger. Zwei Ereignisse zeigten das 1947: Seit dem 1. Januar hatten sich die amerikanische und britische Besatzungszone zum Vereinigten Wirtschaftsgebiet (VWG) oder kurz zur „Bizone" zusammengeschlossen. Im Mai 1947 wurde ein gemeinsamer Wirtschaftsrat gebildet. Dadurch wollten Amerikaner und Briten den wirtschaftlichen Wiederaufbau in ihren Besatzungszonen vorantreiben, was eine Lösung der Finanzprobleme noch dringender erforderlich machte und die separate Variante der Währungsreform zwangsläufig weiter in den Vordergrund rückte. Mit der schon erwähnten Darlegung der Grundzüge eines amerikanischen Hilfsprogramms für Europa durch den US-Außenminister George Marshall in der Harvard University am 5. Juni 1947 wurde zugleich die Frage nach der politischen Positionierung der Länder Europas und in der Konsequenz nach der künftigen Blockzugehörigkeit gestellt. Damit das „Europäische Wiederaufbauprogramm" (European Recovery Program) in den Westzonen Deutschlands außerdem erfolgreich wirken konnte, mussten wiederum die Finanzverhältnisse als Voraussetzung konsolidiert werden.

Die Sowjetunion reagierte in diesem Jahr mit ähnlich gelagerten Maßnahmen. Als Antwort auf die Bildung der „Bizone" und des Wirtschaftsrates im Mai 1947 wurde für die Sowjetische Besatzungszone die Deutsche Wirtschaftskommission (DWK) Anfang Juni gebildet. Damit bestanden de facto zwei deutsche Regierungsbehörden. Schon im Februar 1947 wurden die im Sommer 1945 geschaffenen fünf Landes- und Provinzialbanken der SBZ als Emissions- und Girobanken neu gegründet, was wiederum bedeutete, dass die SBZ nun über eine Art Zentralbanksystem verfügte. In den Westzonen erfolgte die Bildung von Landeszentralbanken im Monat darauf. Im Hinblick auf den „Marshall-Plan" schuf Moskau im September 1947 das „Kommunistische Informationsbüro", in dem sich, so die Sicht des Kremls, „die Kräfte des ‚Friedenslagers' unter sowjetischer Führung sammeln sollten, um dem ‚imperialistischen' Lager unter Führung der USA entgegenzutreten." Damit lief alles auf separate Währungsreformen hinaus. In Washington und Moskau gab es nun vor allem Befürchtungen, dass die jeweilige Seite die andere mit einer separaten Währungsreform überraschte bevor man selbst soweit war. Natürlich wurde bis zum Auszug der sowjetischen Vertreter aus dem Alliierten Kontrollrat am 20. März 1948 offiziell immer noch über eine gemeinsame Währung verhandelt. Doch dahinter stecke vielmehr eine Verzögerungstaktik. Beide Seiten spielten auf Zeit. Generell befürchteten die Amerikaner außerdem, dass bei einer gemeinsamen Währung die Wirtschaft in den Westzonen gezielt von der SBZ aus gestört werden würde; andererseits argwöhnten wiederum die Russen, dass die Westmächte gleiches mit der Wirtschaft der SBZ vorhatten.

Die Währungsreform in den Westzonen

Im September 1947 fiel bei den Amerikanern die Entscheidung für eine separate Währungsreform. Am 25. September 1947 gab es „Grünes Licht" für die Herstellung der neuen Banknoten in den USA. Der Druck der neuen Banknoten lief im Oktober 1947 an und war im März 1948 abgeschlossen. Im Februar 1948 wurde mit dem Transport nach Übersee begonnen. Bis zum April des Jahres kamen unter strengster Geheimhaltung 5,7 Milliarden „Deutsche Mark" in knapp 23.000 Holzkisten mit Frachtschiffen nach Bremerhaven. Der Codename der amerikanischen Operation lautete „Bird Dog" („Hühnerhund") – eine bei der Jagd bewährte Hunderasse beim Aufspüren von Nieder- und Federwild.

Hinter der ganzen Organisation stand ein junger amerikanischer Leutnant und Finanzexperte – Edward A. Tenenbaum (1921–1975). Der US-Offizier war der wirkliche Manager der Währungsreform und der eigentliche „Ziehvater" der neuen Währung. Fälschlicherweise glauben bis heute viele, dass es der „Vater der sozialen Marktwirtschaft", der Wirtschaftsminister und spätere Bundeskanzler Ludwig Erhard gewesen sei, der die Währungsreform in die Gänge brachte. Ludwig Erhard hat daran seine Verdienste, aber die herausragende Rolle bei der „Erschaffung" der D-Mark spielte der besagte junge US-Leutnant.

Die in Bremerhaven ankommenden Geldkisten wurden vom amerikanischen Militär nach Frankfurt am Main transportiert, wo die neuen Banknoten im Keller der ehemaligen Frankfurter Reichsbankhauptstelle zwischengelagert wurden. Von den Hunderten Beschäftigten im Bankgebäude wussten lediglich sechs Personen um das Geheimnis der Holzkisten im Keller. Am 1. März 1948 errichteten hier die Amerikaner und Briten mit der Veröffentlichung gleich lautender Gesetze die „Bank deutscher Länder" (BdL). Diese Bank fungierte nun als übergeordnete Geldinstitution der einzelnen Landeszentralbanken und stellte damit die organisatorische Voraussetzung für die Währungsreform dar. Im Jahre 1957 wurde sie dann in „Deutsche Bundesbank" umbenannt. Die in der Französischen Besatzungszone befindlichen Landeszentralbanken traten der BdL am 16. Juni 1948 bei. Die erste trizonale Einrichtung war damit entstanden. Angemerkt sollte in diesem Zusammenhang auch werden, dass die französische Nationalversammlung am 17. Juni 1948 mit einer denkbar knappen Mehrheit der Bildung eines Weststaates zustimmte.

In den letzten Märztagen des Jahres 1948 gab es aber noch einmal unter den Amerikanern Auseinandersetzungen. Das State Department in Washington wollte nur eine „kleine" Währungsreform durchführen. Es sollte lediglich eine Abwertung stattfinden und das „Kopfgeld" ausgezahlt werden. Alle anderen zuvor im CDG-Plan vorgesehenen Maßnahmen wollte Washington auf später verschieben. Erst nach entschiedenen Protesten des US-Militärgouverneurs, General Clay, nahm das State Department die Forderung nach einer „kleinen" Lösung zurück und stimmte Anfang April den ursprünglichen Reformplänen zu. Darauf-

ullstein bild 00577707

Das neue Geld wird zu den Ausgabestellen gebracht

hin forderte General Clay am 5. April 1948 den Währungsausschuss des Wirtschaftsrates der Bizone dazu auf, zehn deutsche Vertreter zu benennen, die gemeinsam mit alliierten Experten unter Leitung von Tenenbaum die geplante Reform in konkreten Gesetzen und Bestimmungen umsetzen sollten.

Am 20. April, zwei Monate vor dem „X-Tag", wurden die deutschen Experten unter strenger Bewachung und ohne Nennung des Zielortes zum amerikanischen Luftwaffenstützpunkt Rothwesten bei Kassel gebracht. Dort brachten die Amerikaner die Konklave-Mitglieder in spartanisch eingerichteten Kasernenstuben unter. Das Gebäude war mit Stacheldraht umgeben und Schilder warnten mögliche „Zaunkletterer" vor tödlichen Schüssen: „Fence jumpers will be shot". Die „auserlesene Schar deutscher Sachverständiger" hatte nun lediglich noch die Aufgabe, die Texte, Formulare und Merkblätter nach den amerikanischen Vor-

Deutsche Bundesbank, Frankfurt am Main

Teilnehmer am Konklave von Rothwesten. V.l.n.r.: Stoker, Budczies, Wrede, Hartlieb, Bussmann, Frau Dreißig, Pfleiderer, Möller, Tenenbaum, Dudek, Bernard

gaben zu entwerfen. Während die Deutschen streng abgeschirmt das „Kleingedruckte" der Währungsreform erarbeiten, kam am 25. April 1948 die endgültige Zustimmung für eine separate Währungsreform in den Westzonen aus Washington. In Rothwesten arbeiten die Deutschen noch bis zum 8. Juni 1948 ein gewaltiges Arbeitspensum ab. Bevor sie aber nach Hause fuhren, gaben sie noch einmal schriftlich zu Protokoll, dass sie keinerlei Verantwortung für die nun in allen Einzelheiten ausgearbeitete Reform tragen. In der Verlautbarung heißt es unter anderem:

„Die drei Besatzungsmächte tragen für die Grundsätze und Methoden der Geldreform in ihren Zonen die alleinige Verantwortung. Deutsche Sachverständige wurden auf Wunsch der Militärregierungen und der deutschen politischen Stellen hinzugezogen, doch konnte ihre Arbeit im Ergebnis fast nur in technischer Hinsicht zur Geltung kommen. Alle sachlich wesentlichen Gegenvorschläge der deutschen Sachverständigen mussten (...) abgelehnt werden, da die Militärregierungen die Verantwortung für deren Verwirklichung nicht glaubten übernehmen zu können."

ullstein bild 00425505

Begutachtung der neuen Währung

Die Sätze der deutschen Experten verdeutlichen vor allem auch, dass sie nicht wirklich an einen Erfolg des Währungsexperiments glaubten. In der Tat, zu diesem Zeitpunkt war die Geschichte offen und es hätte auch ganz anders kommen können. Die arbeitsintensive Vorbereitungsphase der Währungsreform erhielt später von der Geschichtsschreibung die Bezeichnung „Das Konklave von Rothwesten".

Mitte Juni 1948 lief dann der zweite Teil der Geheimoperation „Bird Dog" an: die Verteilung des neuen Geldes. Hierfür standen 800 Militärlastwagen und einige speziell vorbereitete Eisenbahnzüge zur Verfügung, die unter Bewachung die Geldkisten zu den einzelnen Landeszentralbanken der drei Westzonen in Deutschland brachten. Damit fand die Operation „Bird Dog" ihren Abschluss. Trotz aller Geheimhaltung war doch einiges an die Öffentlichkeit durchgesickert. Immerhin meldete das Nachrichtenmagazin „Der Spiegel" Ende April 1948, dass „an einem Sonntag im Juni" mit der Währungsreform zu rechnen sei. Die offizielle Weitergabe der Information über die Währungsreform erfolgte am 17. Juni 1948. Am Tag darauf wurde die bevorstehende Währungsreform in großer Aufmachung in den Zeitungen der Westzone angekündigt; der Rundfunk verbreitete die Nachricht ab 20 Uhr. In den Tagen vor der Währungsreform konnte in den Läden kaum noch etwas gekauft werden. Die Ladenbesitzer hielten die Waren zurück. Der Schwarze Markt erlebte noch einmal einen letzten Höhepunkt, da jeder für seine bald wertlosen Reichs- oder Rentenmark noch irgendwas ergattern wollte. Es ergaben sich sehr merkwürdige Geschäfte und Finanzaktivitäten in jenen Tagen vor der Währungsreform. Die Süddeutsche Zeitung berichtete am 19. Juni 1948:

„Auf Banken und Sparkassen ist die Spekulationstendenz des Publikums sehr verschieden. Während die Einzahlung von Beträgen bis zu 10000 Mark in ungewöhnlichem Maße zugenommen hat, werden teilweise namhafte Summen, wohl mit der Absicht, sie noch irgendwie anzulegen, abgehoben. Vor den Schaltern der Postämter haben sich Schlangen gebildet. Die Leute wollen ihre Telephon-, Gas- und Lichtrechnung einzahlen und versuchen, Postwertzeichen, deren Abwertungsquote mit 1:10 genannt wird, zu erhal-

ten. Einige wollen auch Steuervorauszahlungen, Pachten oder Mieten auf dem Wege des bargeldlosen und deshalb unauffälligeren Zahlungsverkehrs abtilgen. Kleingeld ist aus dem öffentlichen Geschäftsleben restlos verschwunden und wird von manchen Spekulanten bereits zum Kurs von 1:10 aufgekauft.

In den Straßen der Stadt herrscht ein Fußgänger- und Fahrzeugverkehr, wie man ihn seit den Tagen der Mobilmachung nicht mehr beobachten konnte. Vor vielen Kleinhandelsgeschäften kann man endlose Schlangen beobachten. Manche Bäckereien geben Brot und Mehlerzeugnisse nur mehr bis zum Gewicht von zwei Pfund ab. Die meisten Gemüseläden sind leer, da die Gärtner, wie manche Ladeninhaber, verärgert berichten, Kopfsalat und Rettiche lieber auswachsen lassen, als sie zu verkaufen. Nichtbewirtschaftete Waren wie Salz, Essig oder Suppenextrakte sind grundsätzlich nicht mehr erhältlich. Die von den Verteilungsstellen ausgegebenen Berechtigungsscheine für zehn Ami-Zigaretten werden von den Fachgeschäften nur sehr zögernd entgegengenommen und äußerst widerwillig beliefert. Schuhmacher, Schneider, Reinigungsanstalten, Wäschereien und der größte Teil der Handwerksbetriebe neigen dazu, die in Auftrag oder zur Bearbeitung gegebene Ware, wenn möglich, noch einige Tage zurückzuhalten. Viele Tankstellen haben angeblich plötzlich keinen Treibstoff mehr. Verschiedene photographische Ateliers nehmen Aufträge für Paßbilder erst wieder Mitte nächster Woche entgegen. Ganz besonders groß ist der Andrang bei Friseuren. Dauerwellen und Haarfärbungen werden auf ‚Vorrat' bestellt und sogar die männliche Kundschaft läßt sich noch schnell die Haare schneiden. Die Dienstmänner am Bahnhof stellen allgemein ‚ungesund' hohe Trinkgelder fest."

Zwei Tage nach der offiziellen Bekanntgabe in Presse und Rundfunk, an einem Sonntag, bildeten sich vor den Ausgabestellen lange Schlangen von Menschen. Die Westdeutschen erhielten an diesem denkwürdigen 20. Juni 1948 ihr so genanntes Kopfgeld als „DM". Mit Wirkung vom 21. Juni 1948 galt ausschließlich nur noch die neue D-Mark. Die Währungsreform der Westzonen blieb aber nicht auf den 20. und 21. Juni 1948 beschränkt, sondern sie vollzog sich vielmehr über mehrere Monate hinweg, d. h. es folgten noch weitere Gesetze:

Zuerst traten das Währungs- und Emissionsgesetz (Militärgesetz 61 und 62) zur Neuordnung des deutschen Geldwesens mit Wirkung vom 21. Juni 1948 in Kraft. Durch das Militärgesetz Nr. 61 (Währungsgesetz) erhielt jeder bei Vorlage der Lebensmittel- und Kennkarte in den dafür vorgesehenen Umtauschstellen gegen Ablieferung von alten 60 Reichsmark die ersten neuen 40 D-Mark. Die restlichen 20 D-Mark wurden im August 1948 ausgegeben. Der Hintergrund hierfür war die große Befürchtung, dass die neuen Banknoten nicht ausreichen würden. Für Menschen, die keine 60 RM mehr hatten, galt die Festlegung, dass sie gemäß einer Sonderregelung gegen Vorlage eines Ausweises ihr „Kopfgeld" auch so bekamen. Im Prinzip wurde am 20. und auch noch am 21. Juni der Umtausch des alten Geldes in D-Mark im Verhältnis 1:1 für das „Kopfgeld" und für besondere Verbindlichkeiten wie etwa Löhne und Gehälter, Miet- und Pachtzinsen, Pensionen und Renten vorgenommen. Die Umtauschstellen waren meist mit den Lebensmittelkartenstellen identisch, da es sie praktisch flächendeckend gab und deren Personenkarteien auf dem aktuellen Stand waren.

Zudem eigneten sich diese Stellen „bürotechnisch" für das Vorhaben. Mit dem Kopfgeld wurde auch ein Formular zur Anmeldung der Altgeldguthaben verteilt. Diese mussten bis zum 26. Juni 1948 angemeldet werden, sonst verfielen die Beträge. Da das endgültige Umtauschverhältnis (Abwertung) aus psychologischen Gründen am 20. Juni noch nicht feststehen sollte, galten alle Verbindlichkeiten in Reichsmark laut Währungsgesetz noch bis zum 26. Juni.

Mit dem Militärgesetz Nr. 62 („Emissionsgesetz") erhielt die „Bank deutscher Länder" am 20. Juni 1948 das ausschließliche Recht zur Ausgabe von Banknoten und Münzen, wobei die BdL dieses Recht genau genommen schon bedingt bei ihrer Gründung am 1. März. (Militärgesetz Nr. 60) erhalten hatte.

Als nächstes Gesetz wurde das Militärgesetz Nr. 63 (Umstellungsgesetz) am 26. Juni 1948 veröffentlicht und am darauf folgenden Tag in Kraft gesetzt. Das Umstellungsgesetz regelte den Umtausch von Altgeldguthaben im Verhältnis 10 RM zu 1 DM. Es wurden darin Vorschriften über Umrechnungssätze, Freigabebedingungen, Überprüfungsmodalitäten durch die Finanzämter usw. bekannt gegeben. Bis zur erstmaligen Bekanntgabe des Umtauschsatzes am 26. Juni herrschte in der Bevölkerung große Unsicherheit. Der Abwertungskurs 10:1 wirkte wie ein Schock. Bei einem fiktiven Guthaben von 600 Reichsmark standen nun 60 D-Mark zur Verfügung. Von den 600 RM wurden die 60 RM für den Kopfgeldumtausch am 20. Juni gleich abgezogen, sodass nur noch 540 RM ergo 54 DM als Guthaben vorhanden waren. Davon konnte über die Hälfte frei verfügt werden und die anderen 27 DM kamen auf ein Sperrkonto, bei dem innerhalb der nächsten drei Monate – durch ein weiteres Gesetz – entschieden werden sollte, wie damit weiter zu verfahren war. Das traf die „kleinen Sparer" besonders hart und erzeugte ein „kollektives Gefühl der Enteignung" und auch Wut. Hinzu kam, dass alle Altguthaben über 5000 RM durch das Finanzamt überprüft wurden. So mancher Schwarzmarkthändler zündete nun seine Reichsmarkbarbestände einfach an oder entsorgte das wertlose Geld anderweitig. Ein von den Alliierten durchaus beabsichtigter Effekt. Immerhin wurden nach Schätzungen auf diese Weise rund 2,5 Milliarden Reichsmark „abgeschöpft". Wichtig ist zudem festzuhalten, dass mit dem dritten Währungsgesetz vom 27. Juni die Altgeldguthaben des Deutschen Reiches, der NS-Organisationen sowie alle alten Verbindlichkeiten zwischen Banken erloschen. Am 4. Oktober 1948 folgte das vierte Währungsreformgesetz, „Festkontengesetz" (Militärgesetz Nr. 65) genannt, zur Umwandlung der Reichsmarkguthaben. Dem Schock vom 26. Juni folgte der nächste, da die auf den Sperrkonten „eingefrorenen" Beträge, die ja mit dem 3. Währungsgesetz schon einmal abgewertet wurden, nun noch einmal – im Verhältnis 100:6,5 – neu bewertet bzw. in diesem Verhältnis ersatzlos gestrichen wurden. Es herrschte in der Bevölkerung große Enttäuschung und in den Banken und Sparkassen spielten sich zum Teil dramatische Szenen ab. Die Sparkasse Wetzlar berichtete über die Wirkungen des „Festkontengesetzes" im Oktober 1948:

„Es lässt sich all das nicht schildern, was an den Schaltern vorgeht. Man kann es nicht schildern,

Bundesarchiv Koblenz 183-S 79363

Vor den Umtauschstellen

welche Enttäuschung auf den Gesichtern der alten Sparer sich abzeichnet, wenn der Schalterbeamte die Mitteilung machen muß, daß von dem Spargeld nicht oder doch nur wenige Mark übriggeblieben sind. Wie oft müssen wir sehen, daß die Sparer die Tatsache des Verbrauchtseins ihrer Sparguthaben einfach nicht begreifen können. Wie oft kommt es vor, daß sie nochmals an einen anderen Schalters gehen und dort erneut fragen oder auch erst still in einem ruhigen Winkel des Kassenraums in ihr Sparbuch sehen, mit dem Kopf schütteln und es nicht fassen können, daß all das so mühsam ersparte Geld nicht mehr da sein soll."

ullstein bild 00506945

Ausgabe der neuen Scheine

Die Militärgesetze Nr. 61 und 63 waren die eigentlichen Währungsgesetze (Währungsgesetz 20./21.6., Umstellungsgesetz.26./27.6.) der monetären Währungsreform. Mit dem Militärgesetz Nr. 62 wurde die praktische Seite des Geldgeschäfts, die Ausgabe und Kontrolle von Banknoten und Geldmünzen geregelt. Das Militärgesetz Nr. 64 setzte zudem eine vorläufige Steuerreform, wie es ursprünglich der CFG-Plan vorgesehen hatte, in Gang. Die steuerlichen Maßnahmen brachten zwar mildere Steuersätze, aber nach Ansicht der Wirtschaftsverwaltung der Westzonen boten sie den privaten Investoren nicht genügend Anreize. Dieses Gesetzt gehörte genau genommen nicht zu den Gesetzen der Währungsreform, sondern zu den Gesetzen der die Geldreform flankierenden Wirtschaftsreform. Maßgeblich mit dem vierten Währungsgesetz, dem Militärgesetz Nr.65 oder „Festkontengesetz", wurde die gewaltige öffentliche Schuldenlast radikal zusammengestrichen. Die Verbindlichkeiten des Deutschen Reiches in Höhe von rund 400 Milliarden Reichsmark verringerten sich radikal. Am Ende konnten über 93 Prozent des alten Geldes aus dem Verkehr gezogen werden. Es war „der schärfste Währungsschnitt in der deutschen Wirtschaftsgeschichte."

ullstein bild 00092849

Alte Reichsmarkscheine vor dem Einstampfen.

Generell sollte der Geldumlauf am Anfang möglichst gering gehalten werden, damit es zu keinen Engpässen und Hamsterkäufen bei den zur Verfügung stehenden Waren und Gütern kam. Die „Bank deutscher Länder" verfolgte in den kommenden Monaten eine konsequente „Politik des knappen Geldes". Dahinter verbarg sich die Absicht, die Produktion anzukurbeln, die im Vorfeld der Reform angelegten Warenlager aufzulösen, und vor allem sollten auf diese Weise Inflationstendenzen abgewehrt werden. Das vierte Währungsreformgesetz vom Oktober 1948 hätte aber auch mit anderen Maßnahmen, wie einer längeren Blockierung der Guthaben auf den Festkonten, deutlich ausgewogener durchgeführt werden können.

Es gab zu Anfang ein erhebliches Misstrauen hinsichtlich des neuen Geldes. Als das „Kopfgeld" verteilt wurde, schauten nicht wenige die neuen Scheine verblüfft und skeptisch an. Zwar ähnelten sie sehr den Dollarscheinen, aber auf den Banknoten war weder der Ort der Ausgabe, der Name der ausgebenden Bank noch eine andere Institution vermerkt worden. Die schlichte und neutrale Aufmachung

Deutsche Bundesbank, Frankfurt am Main

führt zu Fragen nach Deckung und dem wirklichen Wert des neuen Geldes. Die Erklärung, dass die neue Währung durch die Aufbauleistung der Deutschen gedeckt sei, ließ das Misstrauen noch mehr anwachsen. Eine solche Argumentation erinnerte wiederum viele Menschen an die NS-Zeit, wo im Hinblick auf die Deckung der Reichsmark ähnlich argumentiert worden war. Im Grunde gaben sich die meisten Deutschen aber damit zufrieden, dass sich sozusagen die Amerikaner mit ihrem leistungsfähigen „American Way of Life" für die Währungsreform verbürgten.

Eine der entscheidenden und gewünschten Wirkungen der Währungsreform stellte der Zusammenbruch des Schwarzen Marktes dar. Demgegenüber tauchten in den Geschäften schlagartig gehortete Waren aller Art auf. Das Problem war aber, dass nur wenige Verbraucher die neuen Preise bezahlen konnten. Die Bevölkerung verfügte aufgrund der Geldknappheit nicht über ausreichende Barmittel. Am 22. Juni 1948 schilderte die Tageszeitung „Die Welt" folgende Situation in Hamburg:

„Über Nacht war ein Teil der Hamburger Schaufenster mit neuen Auslagen gefüllt worden. Radioapparate, Elektrogeräte und Haushaltsgegenstände wurden angeboten. Die Tabakläden zeigten ganze Serien friedensmäßiger Tabakpfeifen, aber nirgendwo war ein Preisschild zu finden. Nur selten betraten die Kunden die Geschäftsräume. Die meisten Menschen stauten sich vor den Radio- und Eisenwarengeschäften. Eine ganze Menge bisher gehorteter Waren erschien plötzlich in den Auslagen. Ziemlich erregt ging es vor dem Schaufenster eines Radiogeschäftes zu, in dem Radioröhren aller Typen zum normalen Preis von 8,50 D-Mark pro Stück angeboten wurden."

Die psychologische Wirkung des „Schaufenstereffektes" darf in der Tat nicht unterschätzt werden. Später sollte sich zeigen, dass viele Bundesbürger im Hinblick auf die Gründung der Bundesrepublik weder den Tag der Verkündung des Grundgesetzes (23. Mai 1949) noch das Datum der Bildung des Parlamentes in Bonn (7. September 1949) als historische Zäsuren in ihrer Erinnerung behalten haben. Zum „Tag der Tage" für den entscheidenden Neubeginn der Bundesrepublik wurde der 20. Juni 1948.

Der Dreh- und Angelpunkt für den Erfolg der Währungsreform war jedoch die Verbindung der monetären Reform mit einer ordnungspolitischen Wirtschaftsreform. Durch diese Kombination wurde das Wirtschaftssystem der Westzonen grundlegend verändert. Es war damit die Grundsatzentscheidung für die marktwirtschaftlichen Strukturen gefallen. Die Doppelreform war der entscheidende Katalysator für das spätere so genannte Wirtschaftswunder in der Bundesrepublik. Zwischen den Währungsgesetzen am 20. Juni und dem dritten Währungsgesetz am 27. Juni fiel die Verkündung des „Gesetzes über Leitsätze für die Bewirtschaftungs- und Preispolitik nach der Währungsreform" am 24. Juni 1948. Hinter diesem Gesetz stand maßgeblich Ludwig Erhard, der legendäre „Vater der sozialen Marktwirtschaft". Erhard hatte übrigens gegen den Willen der Westalliierten mit der Verkündung der Währungsreform zum 20. Juni zugleich die Aufhebung der Preiskontrollen im Rundfunk offiziell bekannt gegeben. Erst am 24. Juni

1948 wurde das grundlegende Gesetz hierfür nachgereicht. Die von Ludwig Erhard in Gang gesetzte Wirtschaftsreform war im Gegensatz zur Währungsreform eine rein (west)deutsche Angelegenheit. Das „Leitsätzegesetz" sah die Ablösung der Mangelwirtschaft („Engpassökonomie") mit der für sie typischen Bewirtschaftung und Preisstoppregulierung durch eine wettbewerbsorientierte Marktwirtschaft mit freier Preisbildung vor. Zugleich versprach dieses Gesetz eine soziale Sicherung gegen eine rücksichtslose Kartell- und Monopolpolitik. In der Präambel des Gesetzes vom 24. Juni 1948 hieß es hierzu:

„Die Auflockerung des stattlichen Warenverteilungs- und Preisfestsetzungssystems findet ihre Grenze dort, wo es darauf ankommt: 1. den Schutz des wirtschaftlich Schwächeren zu gewährleisten, 2. die Durchführung von Wirtschaftsprogrammen im öffentlichen Interesse zu sichern, 3. die Ausnutzung einer Mangellage durch monopolistische Einflüsse zu unterbinden."

Im Verlauf des Juli 1948 wurden rund 90 Prozent aller zuvor bestehenden Preisfestlegungen aufgehoben bzw. ausgehebelt. In diesem Zusammenhang erfolgte flankierend die schon erwähnte Steuerreform mit dem Militärgesetz Nr. 64. Ziel war es insgesamt, mit einer angebotsfreundlichen Wirtschaftspolitik ausreichend Investitionsanreize zu schaffen, die für eine Marktwirtschaft und damit für die Ankurbelung der Leistungsfähigkeit der Wirtschaft grundlegend waren.

Doch es sollte zunächst einmal etwas anderes kommen. Nach dem 20. Juni 1948 gab es in den Westzonen erhebliche wirtschaftliche und soziale Turbulenzen. Die Preise schossen in die Höhe, was für großen Unmut in der Bevölkerung sorgte. In eine gefährliche Schieflage geriet die Stimmung dann zusätzlich durch das vierte Währungsreformgesetz vom Oktober 1948. Die Lage war im Herbst durch eine relativ hohe Arbeitslosigkeit, inflationäre Tendenzen und Rohstoffknappheit gekennzeichnet. Die meisten Menschen lehnten zu dieser Zeit die Transformation in eine Marktwirtschaft mit sozialen Vorzeichen ab. Der Höhepunkt dieser Entwicklung wurde am 12. November 1948 erreicht, als Millionen Menschen dem Aufruf der

ullstein bild 00029600

Staunende Menschen vor dem plötzlichen Warenangebot

Gewerkschaften zu einem 24-Stunden-Generalstreik gegen die Teuerungen und vor allem gegen den weiter geltenden Lohnstopp folgten. Das Doppelreformkonzept stand kurz vor dem Scheitern. Trotz aller Kritik, Widerstände und allem Druck wurde der währungs- und ordnungspolitische Kurs durch den Chef der Wirtschaftsverwaltung, Ludwig Erhard, aber strikt beibehalten. Jegliche Maßnahmen einer staatlichen Lenkungswirtschaft zur Regulierung der bestehenden Krise wurden tunlichst vermieden. Das „Experiment mit freien Preisen" lief also weiter. Die Konsumgüterindustrie erhielt dadurch erhebliche Anreize, mehr zu produzieren. Beachtet sollte hierbei werden, dass die Preise von Konsumwaren zwar nun frei waren, jedoch Preise für Kohlen, Erdöl und Benzin, Verkehrstarife und andere Produkte weiter behördlich geregelt wurden. Vorteilhaft war, dass der „Marshallplan" Ende 1948 langsam zu greifen begann und damit der Investitionshunger in der Produktionsgüterindustrie gestillt werden konnte. 1948/49 war der geldpolitische, sozialpolitische und wirtschaftspolitische Kurs der Westzonen alles andere als gefestigt. Aber mit der Währungs- und Wirtschaftsreform war der Rahmen für einen Wirtschaftsumschwung vorhanden. Ob dieser Rahmen allerdings zum Wohle der breiten Bevölkerung ausgefüllt werden konnte, war noch offen.

ullstein bild 00628745

Demonstration Ost-Berliner Studenten gegen den Wechselkurs

Als ein wichtiges Ereignis galt in diesem Zusammenhang der erste heiße Krieg im kalten Krieg – der am 25. Juni 1950 beginnende Koreakrieg. Dadurch kam es in Europa zu einem sprunghaften Anstieg der Nachfrage nach Rohstoffen sowie nach Eisen- und Stahlerzeugnissen. Die westdeutsche Industrie profitierte davon und erfuhr einen regelrechten Nachfrageboom. Nach einigen Turbulenzen stabilisierte sich die Wirtschafts- und Währungslage um 1951 zum Vorteil der Bundesrepublik. Das liberale und marktverfasste System konnte in den Fünfzigerjahren enorme wirtschaftliche Wachstumsraten hervorbringen. Die Jahre des „Wirtschaftswunders" begannen.

Trotzdem sollte im Hinblick auf die Währungsreform von 1948 darauf hingewiesen werden, dass es viele Verlierer und wenige Gewinner gegeben hat. Die Geldwertbesitzer, die kleinen Sparer und nichts besitzenden Entwurzelten des Krieges waren die Verlierer; die Sachwertbesitzer, die Boden, Anlagevermögen oder Schulden besaßen gehörten zu den Gewinnern. Was mit der Verteilung des „Kopfgeldes" wie ein gleichberechtigter Start aussah, stellte sich bei Lichte besehen als ein „Akt gigantischer Enteignung" und Benachteiligung heraus. Von Vorteil war hierbei sicher, dass die deutschen Politiker die Verantwortung für den gewaltigen Geldschnitt auf die alliierten Besatzungsmächte abschieben konnten. So war es möglich, die Kritik der Bevölkerung schnell abzuwürgen, da sich die Verlierer des Krieges dem Diktat der Sieger zu beugen hatten. Solidarisch war die Währungsreform auch schon deshalb nicht, weil es keine Verbindung der monetären Reform mit einem Lastenausgleich für die Millionen Flüchtlinge, Heimatlosen und Vertriebenen gegeben hatte. Dieser Lastenausgleich wurde sozusagen vertagt und gesetzlich erst später geregelt.

Die Währungsreform in der Sowjetischen Besatzungszone

Die Sowjetische Besatzungsmacht hatte im September 1947 schon detaillierte Informationen über die separaten Währungsreformpläne der Amerikaner und Briten für ihre „Bizone".

Die Informationen stammten aus einem Konzept der amerikanischen Militärregierung vom 10. Juni 1947. Generell herrschte bei der SMAD und in Moskau seit Herbst 1947 die Ansicht vor, dass die Verhandlungen für eine gemeinsame Währungsreform gescheitert waren und damit also separate Währungsreformen unumgänglich wurden.

Ähnlich wie bei den Amerikanern liefen im Herbst 1947 in Moskau die finanztechnischen Vorbereitungen für eine separate Währungsreform an. Konkret wurde im November 1947 beim sowjetischen Ministerrat der Entwurf einer Verordnung über den Druck neuen Geldes für den Osten Deutschlands diskutiert. Anfang Dezember 1947 nahm der Ministerrat der UdSSR diesen Entwurf an und bereitete eine Verordnung zum Beschluss vor. Noch während der Londoner Tagung des Rates der Außenminister (25.11.-15.12.1947) erhielt die sowjetische Staatsmünze – am 10. Dezember 1947 – die Aufgabe, mit der Herstellung von 400.000 neuen Banknoten im Wert von 5 Milliarden Mark für die Sowjetische Besatzungszone zu beginnen.

Nach nicht ganz drei Monaten Arbeit an den Durchführungsmodalitäten für eine separate Währungsreform meldete die Finanzverwaltung der SMAD am 5. März 1948 nach Moskau, dass die Vorbereitungen zum Geldumtausch in der SBZ abgeschlossen seien. Zwar fehlte noch die offizielle Bestätigung des Organisationsplanes für die Durchführung der Währungsreform, aber zugleich lagen schon eine Reihe von flankierenden Maßnahmen und Empfehlungen vor, die dazu beitragen sollten, die Stabilität der künftigen neuen Währung nach der Reform in der SBZ zu gewährleisten .

Am 24. April 1948 ordnete Stalin die Einsetzung einer Regierungskommission an, die am 14. Mai dem Kreml-Chef eine verbindliche Vorlage für die separate Währungsreform präsentierte, die dieser umgehend bestätige. Der sowjetische Ministerrat fungierte dann als Vollzugsorgan und beschloss am 18. Mai 1948 die Durchführung einer Währungsreform in der SBZ. Ein konkreter Termin wurde offen gelassen, da die separate Währungsreform in der SBZ als eine erzwungene Gegenmaßnahme auf die bevorstehende Währungsreform in den Westzonen erscheinen sollte. Wie in den Westzonen gründete die SMAD im sowjetischen Sektor von Berlin eine übergeordnete Zentralbank. Mit der Gründung einer „Deutschen Emissions- und Girobank" am 21. Mai 1948 gab es sozusagen ein Pendant zur Bank deutscher Länder in Frankfurt am Main. In Moskau und bei der SMAD in Berlin-Karlshorst wollte man aber generell den „X-Tag" in den Westzonen propagandistisch vorteilhaft auszunutzen und damit den „Schwarzen Peter" für die Deutschland spaltenden Kräfte nach dem Westen zurückschieben.

corbis

Schwarzmarktszene in der SBZ. Auch Sowjetsoldaten versorgen sich hier mit Konsumgütern.

Die Kern- und Eckpunkte der beabsichtigten und dann durchgeführten Währungsreform für die SBZ waren im Mai 1948 folgende: Das „neue Geld" wurde im Verhältnis 10:1 neu bewertet. Die alten Scheine sollten mit Spezialkupons beklebt und in einem späteren Geldumtausch durch neue Banknoten ersetzt werden. Jeder erhielt ein „Kopfgeld" in Höhe von 70 RM im Verhältnis 1:1 umgetauscht. Die Spareinlagen bis 100 RM wurden ebenfalls im Verhältnis 1:1 und die Spareinlagen bis 1000 RM im Verhältnis 5:1 neu bewertet. Die Überprüfungsgrenze für Vermögen legte die sowjetische Währungsverordnung auf 5000 RM pro Familie fest. Staatliche und kommunale Betriebe erhielten ihre Kontobestände bevorzugt 1:1 gutgeschrieben. Handwerker, Gewerbetreibende bzw. private Unternehmer mussten demgegenüber eine Abwertung ihrer Guthaben im Verhältnis 10:1 hinnehmen. Die Altguthaben aus der Zeit vor der deutschen Kapitulation sollten nach ihrer Abwertung (10:1) für 10 Jahre bei einer Verzinsung von 2 Prozent festgelegt sein. Sämtliche Geldbeträge der sowjetischen Militäradministration, von sowjetischen Einzelpersonen und Institutionen wurden im Verhältnis 1:1 bewertet, d. h. für die Angehörigen der sowjetischen Besatzungstruppen, der SMAD und anderer sowjetischer Einrichtungen in der SBZ hatten sich nach der Reform die Guthaben im Wert verzehnfacht. Der wirklich brisanteste Punkt der Währungsreform für die SBZ betraf aber Berlin. Die Währungsreform der sowjetischen Besatzungsmacht zog die Westsektoren Berlins – also den amerikanischen, britischen und französischen Sektor – in das Reformvorhaben ausdrücklich mit ein.

Bundesarchiv Koblenz 183-HO 425-329

Eine Bankangestellte beklebt die alten Banknoten mit Kupons

Damit hatte Moskau die Eskalation zwischen den alliierten Siegern programmiert.

Bei der Maßnahme – Kuponmarken auf das alte Geld (Reichs-, Rente- und Militärmark) als Zeichen der neuen Währung zu kleben – wurde zudem propagandistisch aus der Not eine Tugend gemacht. Es sollte der Eindruck erweckt werden, dass die Westmächte die Sowjetunion mit einer separaten Währungsreform überrascht und damit hintergangen hatten. So geschah es dann auch. Als die Währungsreform am 17. Juni 1948 für den kommenden Sonntag in den Westzonen verkündeten wurde, hatte die sowjetische Besatzungsmacht scheinbar kein neues Geld für die eigene Zone zur Verfügung. Die aufgeklebten Kupons lösten sich übrigens aufgrund des schlechten Leims bei der Durchführung der Reform schnell wieder ab. Der Volksmund bezeichnete das Geld dann bald als „Tapeten-Mark". Das war aber im Grunde alles einkalkuliert, um zu zeigen, dass der Westen den Osten böswillig überrascht habe. Natürlich fragten sich aufgeweckte Zeitgenossen sofort, woher denn über Nacht die Milliarden an Kuponmarken eigentlich hergekommen waren.

Die wahren Gründe für die „Kuponaktion" waren recht simpler Natur: Am 7. Mai 1948 musste die Fertigstellung der neuen Geldscheine beim Ministerrat in Moskau vom 1. Juli auf den 28. August 1948 verschoben werden, da es ganz einfach technische Schwierigkeiten und Kapazitätsengpässe beim Druck der neuen Banknoten in der sowjetischen Staatsmünze gab. Der Vollständigkeit halber sei zudem nur darauf hingewiesen, dass diese Institution mit der wenige Monate zuvor stattgefundenen Geldreform in der UdSSR voll zu tun hatte. Die Währungsreform in der SBZ wies zudem in der Grundtendenz auch viele Ähnlichkeiten mit der sowjetischen Geldumstellung von 1947 auf.

Die Sowjetische Besatzungsmacht reagierte drei Tage nach der Währungsreform in den Westzonen mit der Ankündigung einer eigenen Reform. Der Umlauf der D-Mark der Westzonen wurde zunächst in der SBZ strikt verboten. Vor allem bestand die reale Gefahr, dass die nun wertlose Reichsmark aus den Westzonen in die SBZ abfließen würde. Am 23. Juni kam es im Gegenzug zur Ankündigung einer Währungsreform für den 24. bis 26. Juni für die SBZ und ganz Berlin. Daraufhin erging von den Westalliierten die Anordnung zur Einführung der D-Mark in den Westsektoren Berlins, aber zu den Auswirkungen dieser Maßnahme ausführlicher im nächsten Abschnitt.

Die Währungsreform in der SBZ verlief in den Grundzügen erst einmal ähnlich wie die in den Westzonen. Auf der Basis des Moskauer Reformplanes vom Mai 1948 wurde mit der Verteilung des „Kopfgeldes" begonnen: 70 „Kupon-Mark" im Umtauschverhältnis 1:1 für das alte Geld. Wie bei der Westreform wurden Löhne und Gehälter, Pensionen, Renten usw. 1:1 umgestellt. Das verbleibende Bargeld sollte auf Konten gezahlt werden und dort gemeinsam mit dem Festgeld im Verhältnis 10:1 umgetauscht werden. Anders als bei der Westreform wurden aber 100 RM von Sparguthaben mit 1:1 umbewertet bzw. stellte man weitere 900 RM im Verhältnis 5:1 um. Bei Guthaben über 5000 RM mussten die Kontenbesitzer wie in den Westzonen die Herkunft nachweisen. Einen Monat später, zwischen dem 25. und 28. Juli 1948, wurde das „Tapetengeld" durch neue Geldscheine – die „Deutsche Mark der Deutschen Notenbank" ausgewechselt. So gesehen, erschien die Währungsreform in der SBZ zunächst gerechter und stellte einen nicht so harten Geldschnitt wie in den Westzonen dar. Doch problematisch war dieser weichere Geldschnitt vor allem deshalb, weil nach der Reform der Bargeldumlauf im Vergleich zu den Westzonen relativ hoch geblieben war und das angestrebte Abwertungsverhältnis von 10:1 in der Realität (6,8:1) niedriger lag. Hinzu kam, dass die Festgeldkonten nur im Verhältnis 8:1 abgewertet wurden. Es gab eine Reihe Sonderregelungen für die staatlichen Betriebe, Parteien und Massenorganisationen, deren Guthaben fast vollständig umgestellt wurden. Die gesamte Geldmenge pro Kopf der Bevölkerung der SBZ erwies sich am Ende der Reform als doppelt so groß wie die der Bevölkerung in den Westzonen. Die Währungsreform in den Westzonen war also deutlich konsequenter.

Ein solcher Vergleich ist aber genau genommen methodisch nicht „sauber", da ja die Währungsreform des Westens einen ganz anderen Charakter durch die Kopplung mit einer die Wirtschaftsordnung verändernden Wirtschaftsreform hatte. Preisregulierung und Bewirtschaftung blieben in der SBZ bestehen. Im Mittelpunkt des wirtschaftlichen Handelns stand in der SBZ und später in der DDR ein auf Mengen ausgerichteter Volkswirtschaftsplan. Es wurde im Sommer 1948 in der SBZ keine Wirtschaftsliberalisierung in Gang gesetzt. Vielmehr wurden auf der Basis des Bewirtschaftungssystems die planwirtschaftlichen Struk-

Deutsche Bundesbank, Frankfurt am Main

ullstein bild 00628743

Ost-Berliner legen ihr Geld in Waren der HO an

turen nach sowjetischem Vorbild ausgebaut. Wie schon erwähnt, begünstigte die Währungsreform der Sowjetischen Besatzungsmacht nicht nur die Besatzungsmacht selbst, sondern vor allem auch staatliche Betriebe und politische Organisationen, was die Entwicklung zur Planwirtschaft weiter vorantrieb. Die Finanzpolitik spielte in diesem Prozess eine untergeordnete Rolle. Die Banken und Finanzinstitutionen hatten sich in der SBZ/DDR den Planungsprozessen unterzuordnen und waren im Grunde genommen nur ein „Residuum der Wirtschaftspolitik". Die Geld- und Kreditpolitik hatte die Wirtschaftsplanung lediglich „aktiv zu unterstützen".

Ein Blick auf die weitere wirtschaftliche Entwicklung des Ostens Deutschlands in den Fünfzigerjahren zeigt, dass die SED-Führung eine zentrale Planwirtschaft etabliert hatte. Unabhängige Informationsquellen und dezentrale Regulierungsinstrumente (freie Preisbildung, Markt) wurden zugunsten einer umfassenden Zentralisierung fast aller wirtschaftspolitischer Entscheidungen außer Kraft gesetzt. Das volkswirtschaftliche Gleichgewicht sollte über den Plan im Voraus bestimmt und koordiniert werden. Auf diese Weise wollte die SED-Führung die Unwägbarkeiten der wirtschaftlichen Entwicklung (Krisen, Arbeitslosigkeit) ausschalten. Darüber hinaus sicherte sich die Partei die

Macht auch auf wirtschaftlichem Gebiet. Eine grundlegende Voraussetzung war hierfür die Beseitigung des Privateigentums an Produktionsmitteln.

Die wirtschaftliche Entwicklung der DDR beeinflussten in den Fünfzigerjahren zudem eine Kette sich wechselseitig verstärkender interner und externer Faktoren. Den Handlungsspielraum der SED-Führung engten in hohen Maße die Folgelasten des Zweiten Weltkrieges (Demontagen, Reparationen), die wirtschaftlichen Ungleichgewichte infolge der deutschen Teilung, die strukturellen Mängel des Planungssystems, die Ressourcenprobleme und die Abschottung vom Westmarkt ein. Es mussten drei Aufgaben mit der gleichen Vordringlichkeit zugleich gelöst werden: die Erhöhung des privaten Verbrauchs, die Modernisierung der Infrastruktur und der Ausbau der industriellen Kapazitäten. Doch für die Lösung dieser Aufgaben standen nur unzureichend Mittel und Ressourcen zur Verfügung. Deshalb musste jede Bevorzugung zur Vernachlässigung an anderer Stelle führen und in schwierigen Situationen krisenhafte Wirkungen zwangsläufig hervorrufen.

Mit der Währungsreform in der SBZ wurde genau genommen nur die technische Abwicklung eines Währungsschnitts im Juni 1948 vollzogen. Eine vergleichbare ordnungs-, wirtschafts- und finanzpolitische Änderung der Verhältnisse wie in den Westzonen gab es nicht. Die „D-Mark" (Ost) wurde schnell zu einer schwachen Währung, die als reine Binnenwährung fungierte und international – vor allem im Vergleich zur D-Mark (West) – keine Rolle spielte.

Deutsche Bundesbank, Frankfurt am Main

Das „Währungsduell" in Berlin

Zum eigentlichen Konfliktpunkt der beiden Währungsreformen wurde 1948 die Viersektorenstadt Berlin. Die Währungsfrage führte dort dazu, dass die Stadt zu einem „ewigen Zankapfel" des Kalten Krieges und des deutsch-deutschen Verhältnisses wurde.

Die amtierende Oberbürgermeisterin von Groß-Berlin, Luise Schroeder, erhielt am Abend des 22. Juni 1948 den Befehl 111 der SMAD, in dem von der sowjetischen Militärregierung angeordnet wurde, dass der Berliner Magistrat am 23. Juni, um 6.00 Uhr, die Durchführungsvorschriften der sowjetischen Währungsverordnung veröffentlichen sollte und diese im gesamten Gebiet von Groß-Berlin unverzüglich in Kraft zu setzen seien. Die Ausführung dieses Befehls bedeutete in der Konsequenz die Einbeziehung der amerikanischen, britischen und französischen Besatzungssektoren

ullstein bild 00446445

Nikolai E. Bersarin – erster Stadtkommandant von Berlin

von Berlin in die Währungs- und Wirtschaftsordnung der Sowjetischen Besatzungszone. Der Startschuss für die Spaltung der Stadt war gefallen.

Nur Minuten nach der offiziellen Verkündung der sowjetischen Anordnung erklärten die Stadtkommandanten der Westsektoren, dass sie eine Übernahme der sowjetischen Währungsreform auf West-Berlin entschieden ablehnten, da der sowjetische Befehl dem Viermächteabkommen und der Viermächteverwaltung von Groß-Berlin widerspreche. Wörtlich hieß es in der Erklärung vom 23. Juni: *„In den französischen, britischen und amerikanischen Sektoren sind diese Befehle null und nichtig und finden keine Anwendung auf die Einwohner der französischen, britischen und amerikanischen Sektoren von Berlin."* Auch der Magistrat stellte auf der eigens einberufenen außerordentlichen Magistratssitzung unter Berufung auf die Verfassung von Groß-Berlin fest, dass die Befehle der Stadtkommandanten nach Artikel 36 der Berliner Verfassung nur für den jeweiligen Besatzungssektor galten.

ullstein bild 00096599

Mit „B" gekennzeichnete Mark

Im Gegenzug sprachen sich die westlichen Stadtkommandanten am 23. Juni für die Übernahme der Währungsgesetze der Westzonen in ihren Besatzungssektoren aus. Die Vorbereitungen hierfür waren schon angelaufen. Die insgesamt 915 Tonnen „D-Mark" hatten die Westalliierten mit zehn Flugzeugtransporten ab dem 10. Juni 1948 in die Stadt gebracht. Die nach Berlin gebrachten Geldscheine wiesen aber eine Besonderheit auf, da die Banknoten zuerst mit einem B-Stempel und später mit einer B-Perforierung versehen wurden. Hintergrund hierfür war die Kontrolle des Geldrückflusses in die Westzonen sowie die Erschwerung von möglichen sowjetischen Manipulationen. Es hatte außerdem in Berlin schon eine Diskussion um eine eigene Berliner Währung – die „Bärenmark" – gegeben. In einem Kommentar der SED-Parteizeitung „Neues Deutschland" hieß es am 4. Juni 1948 dazu: *„Man schlägt eine eigene Berliner Währung vor, die Berlin nicht nur vom Westen, sondern auch vom Osten abriegeln würde. Ostmark, Westmark und ‚Bärenmark' einzuführen, bedeutet, aus Berlin ein Wirtschafts-Shanghai zu machen."* Das brauchte Berlin aber gar nicht erst zu werden, weil es dass im Grunde schon längst war.

Am 24. Juni 1948 begann die Lage zu eskalieren: An diesem Donnerstag erschien in den Westsektoren Berlins die Verordnung über die Einführung der „D-Mark" in den Westsektoren der Stadt. Die Westmächte erklären damit die sowjetische Währungsreform in den Westsektoren für ungültig und kündigen für den 25. Juni die Ausgabe der mit einem „B" gekennzeichneten „D-Mark" an. Die „D-Mark" der Sowjetischen Besatzungszone („Tapeten-Mark", DM/Ost) blieb vorerst als Zahlungsmittel auch in den Westsektoren erlaubt. Die SMAD verbot demgegenüber die Westmark in ihrem Besatzungssektor.

Moskau reagierte mit Sperrmaßnahmen. Es wurden Lebensmittel- und Energielieferungen eingestellt. Unter dem Vorwand dringender Reparaturarbeiten an Zufahrtswegen nach Berlin kam es zur Sperrung der wichtigen Autobahn zwischen Berlin und Helmstedt. Die Sowjetische Besatzungsmacht begann mit der Blockade Berlins. Am darauf folgenden Tag, am 26. Juni 1948, flogen die ersten amerikanischen Transportmaschinen nach Berlin und begannen mit der Versorgung der Stadt aus der Luft – die legendäre Luftbrücke war eröffnet. In den folgenden Tagen und Wochen versuchte die Sowjetische Besatzungsmacht, Berlin vollständig auf dem Land- und Wasserweg abzuschneiden. Was aber zu keinem Zeitpunkt wirklich gelang.

Im Hinblick auf die Währungsentwicklung in der Stadt zeigte sich bald am Umtauschkurs zwischen „Westmark" und „Ostmark", welche „Deutsche Mark" die erfolgreichere war. Für die Berliner, die in den Westsektoren lebten, aber im Ostsektor oder für das Transportunternehmen „Deutsche Reichsbahn" der SBZ in den Westsektoren arbeiteten und damit in „Ostmark" entlohnt werden, entstanden sehr schnell große Probleme durch die Doppelwährung in der Stadt. Zwar konnten Mieten, Steuern, Nahrungsmittel usw. in den Westsektoren auch noch mit „Ostmark" bezahlt werden, aber im Verlauf der Monate zeigt sich bald der höhere Wert der „Westmark" und damit wurde der Wertausgleich immer schwieriger.

Die Lage spitzte sich mit der „Dritten Verordnung zur Neuordnung des Geldwesens" der Westalliierten Stadtkommandanten am 20. März 1949 weiter zu. Die Verordnung legte fest, dass nun die „Westmark" das allein geltenden Zahlungsmittel in den Westsektoren sei. Mit der „Ostmarkt" konnte nun nach einem Stichtag in den Berliner Westsektoren offiziell nichts mehr bezahlt und beglichen werden. Zugleich wurden wiederum die Unternehmen der SBZ und im Ostsektor Berlins angewiesen, dass alle Zahlungen in den Westsektoren mit „Ostmark" geleistet werden müssen. Die Deutsche Reichsbahn der SBZ, die auch für den Betriebsdienst in West-Berlin verantwortlich war, weigerte sich, den weit mehr als 15.000 in den Westsektoren lebenden Eisenbahnern die Löhne und Gehälter in „Westmark" auszuzahlen. Nach dem Ende der Blockade im Mai 1949 kam es deshalb zum Streik in West-Berlin, der zu schweren Auseinandersetzungen mit Toten, Verletzten und Sachschäden in Millionenhöhe führte. Es war ein Streik um die Währungen und er verdeutlichte noch einmal in zugespitzter Form, dass die separaten Währungsreformen von 1948 zwangläufig die Teilung Deutschlands bedeuteten.

ullstein bild 00109741

Pressekonferenz der drei Stadtkommandanten von West-Berlin über die Einführung der Westmark als alleiniges Zahlungsmittel in den Westsektoren: V.l. die Generale Geoffrey K. Bourne (GB), Jean Ganeval (F) und Frank L. Howley (USA) – 20. März 1949

Resümee

Mit den separaten Währungsreformen vom Juni 1948 wurde zuerst einmal auf beiden Seiten versucht, die deutschen Kosten des Zweiten Weltkrieges zu liquidieren. Es besteht heute weitgehend Einigkeit darüber, dass die Währungsreformen existenziell erforderlich waren, um die durch die Rüstungsfinanzierung des Dritten Reiches stattgefundene groß angelegte Geldentwertung und gewaltige Inflationsgefahr zu überwinden. Damit ist freilich vor allem für den Westen der Mythos entstanden, dass mit dem schlagartigen Verschwinden von Hunderten Milliarden alter Reichs- und Rentenmark in den Papiermühlen, der pseudoegalitären Abwertung und Verteilung derselben Kopfgeldsumme einen gleichberechtigten Neuanfang ermöglichten. Tatsache ist, dass die Währungsreformen in der Konsequenz sowohl im Westen als auch im Osten eine „gigantische Enteignung" darstellten. Die „Lohn- und Gehaltsempfänger", die Masse der kleinen Sparer, waren die Verlierer; diejenigen mit inflationssicheren Sachwerten sowie Kapital in Form von Produktionsanlagen oder Aktien konnten daraus zumindest in den Westzonen und der späteren marktwirtschaftlich organisierten Bundesrepublik große Vorteile ziehen.

Die Währungsreform der Westzonen am 20. Juni 1948 wurde zur entscheidenden Weichenstellung für die endgültige deutsche Teilung. Als die französische Nationalversammlung am 17. Juni 1948 mit denkbar knapper Mehrheit der Bildung eines separaten deutschen Weststaates zustimmte und am Abend des Tages die separate Währungsreform für die Westzonen angekündigt wurde, begann sozusagen der unmittelbare Countdown für die Gründung zweier deutscher Staaten. Mit der Existenz zweier deutscher Währungen im Juni 1948 „stabilisierte" sich zugleich die Zonengrenze zwischen dem Westen und Osten Deutschlands. Die Währungsreformen bedeuteten vor allem aber auch in der unmittelbaren Wirkung die Spaltung Berlins. Das „Währungsduell" in Berlin war eine Art Vorspiel für die deutsche Teilung. Der „Probefall Berlin" wurde zugleich zum „Probefall Deutschland". Die Geschichte der Währungsreformen von 1948 ist deshalb mehr als nur neues Geld, volle Schaufenster und wirtschaftlicher Aufstieg im Westen sowie neues Geld, leere Schaufenster und wirtschaftliches Zurückbleiben im Osten, sondern sie ist ein Ausdruck des Ost-West-Gegensatzes und der deutschen Zweistaatlichkeit nach dem Zweiten Weltkrieg.

Den Ostdeutschen bescherte ihre Reform vor allem eine Währung, die sie zu „Deutschen zweiter Klasse" machte, da der sich zeigende unterschiedliche Wert des Geldes schnell offensichtliche und subtile Rangunterschiede schuf. Für die Westdeutschen steigerte sich nicht nur der Wert der bald „harten" Westmark, sondern auch ihr Selbstwertgefühl; für die Ostdeutschen bedeutete die Schwäche ihres „ewigen" Binnengeldes, dass sie „in einer Währung zweiter Klasse" zahlten. Das erzeugte im realsozialistischen bzw. mangelwirtschaftlichen Alltag erhebliche Probleme und nicht selten „Minderwertigkeitsgefühle".

Die beiden Währungsreformen im Juni 1948 haben also sehr unterschiedliche Folgen in der deutschen Nachkriegsgeschichte gehabt. Im Westen Deutschlands erfolgte durch die Währungsreform ein psychologisch prägender Einschnitt mit enorm positiven wirtschaftlichen und weit reichenden gesellschaftlichen Folgen. In der Sowjetischen Besatzungszone bedeutete die Währungsreform demgegenüber vor allem die noch engere Anbindung an die Sowjetunion und die Ausrichtung auf ein staatswirtschaftliches System. Beide Reformen gaben zwar unüberhörbar den Startschuss für die Teilung Deutschlands, aber sie waren auf paradoxe Weise zugleich die Voraussetzung für deren spätere Aufhebung.

Benutzte und weiterführende Literatur

Abeken, Gerhard: Geld- und Bankwesen in der sowjetischen Besatzungszone seit der Währungsreform, Bonn 1951.

Abelshauser, Werner: Deutsche Wirtschaftsgeschichte seit 1945, München 2004.

Ahrens, Ralf: Die Dresdner Bank 1945–1957. Konsequenzen und Kontinuitäten nach dem Ende des NS-Regimes, München 2007.

Bender, Peter: Deutschlands Wiederkehr. Eine ungeteilte Nachkriegsgeschichte 1945–1990, Stuttgart 2007.

Benz, Wolfgang: Von der Besatzungsherrschaft zur Bundesrepublik. Stationen einer Staatsgründung 1946–1949, Frankfurt a. M. 1989.

Benz, Wolfgang (Hg.): Deutschland unter alliierter Besatzung 1945–1949/55, Berlin 1999.

Broosch, Karsten: Die Währungsreform 1948 in der Sowjetischen Besatzungszone Deutschlands. Eine Untersuchung zur Rolle des Geldes beim Übergang zur sozialistischen Planwirtschaft in der SBZ/DDR, Leipzig 1998.

Buchheim, Christoph (Hg.): Wirtschaftliche Folgelasten des Krieges in der SBZ/DDR, Baden-Baden 1995.

Ciesla, Burghard/Lemke, Michael/Lindenberger, Thomas: Sterben für Berlin? Die Berliner Krisen 1948:1958, Berlin 2000.

Ciesla, Burghard: Reparationen, Versorgungskrise, Planwirtschaft. Grundzüge der Wirtschaftspolitik der Sowjetischen Besatzungszone (SBZ) – 1945 bis 1949, in: ERWA – Erzgebirgisches Warenhaus 1945–1949, hrsg. von der Stadt Chemnitz in Zusammenarbeit mit dem Stadtarchiv, Chemnitz 2005.

Der Neubeginn. Deutschland zwischen 1945 und 1949, Hamburg 2005.

Deutschland in den fünfziger Jahren, Informationen zur politischen Bildung 256/1997.

Erhard, Ludwig: Deutsche Wirtschaftspolitik. Der Weg der Sozialen Marktwirtschaft, Düsseldorf/Wien/New York/Moskau 1992.

Erker, Paul: Ernährungskrise und Nachkriegsgesellschaft. Bauern- und Arbeiterschaft in Bayern 1943–1953, Stuttgart 1990.

Erker, Paul: Dampflok, Daimler, DAX. Die deutsche Wirtschaft im 19. und 20. Jahrhundert, Stuttgart/München 2001.

Fischer, Wolfram (Hg.): Währungsreform und soziale Marktwirtschaft. Erfahrungen und Perspektiven nach 40 Jahren, Berlin 1989.

Friedrich, Heinz (Hg.): Mein Kopfgeld. Die Währungsreform. Rückblicke nach vier Jahrzehnten, München 1988.

Gall, Lothar (Hg.): Die Deutsche Bank 1870–1995, München 1995.

Grosser, Dieter (Hg.): Der Staat in der Wirtschaft der Bundesrepublik, Opladen 1985.

Hampe, Peter (Hg.): Währungsreform und soziale Marktwirtschaft. Rückblicke und Ausblicke, München 1989.

Hardach, Gerd: Der Marshall-Plan. Auslandshilfe und Wiederaufbau in Westdeutschland 1948–1952, München 1994.

Harold, James: Die D-Mark, in: Schulze, Hagen, Etienne François (Hrsg.), Deutsche Erinnerungsorte, München 2001, S. 367–381.

Kahnt, Helmut/Pontzen, Martin/ Schöne, Michael H./ Walz, Karlheinz: Die Geschichte der Deutschen Mark, Regenstauf 2003.

Karlsch, Rainer: Allein Bezahlt? Die Reparationsleistungen der SBZ/DDR 1945–1953, Berlin 1993.

Koop, Volker: Tagebuch der Berliner Blockade. Von Schwarzmarkt und Rollkommandos, Bergbau und Bienenzucht, Bonn 1998.

Laufer, Jochen: „Reingeschlittert?" Die UdSSR und die Ursprünge der Berlin-Blockade 1944–1948, in: Burghard Ciesla/Michael Lemke/Thomas Lindenberger (Hg.): Sterben für Berlin? Die Berliner Krisen 1948 : 1958, Berlin 2000, S. 25–45.

Laufer, Jochen: Die UdSSR und die deutsche Währungsfrage 1944–1948, in: Vierteljahreshefte für Zeitgeschichte, 3/1998, S. 455–485.

Lenz, Siegfried: Lehmanns Erzählungen. Aus den Bekenntnissen eines Schwarzhändlers, München 1998.

Nef, Robert/Ruetz, Bernhard: Wer war der Vater der Deutschen Mark? In: Frankfurter Allgemeine Zeitung, 31. 12. 2001, S. 18.

Prollius, Michael v.: Deutsche Wirtschaftsgeschichte nach 1945, Göttingen 2006.

Roeper, Hans: Geschichte der D-Mark, Frankfurt a. M. 1968.

Schoenenbaum, David: 21. Juni 1948. Ziehvater der D-Mark. Edward A. Tenenbaums nie veröffentlichte, hochaktuelle Erinnerungen an die Währungsreform, in: Die Zeit, 22.6.1990, S. 34.

Spree, Reinhard (Hg.): Die Geschichte der deutschen Wirtschaft im 20. Jahrhundert, München 2001.

Steiner, André: Von Plan zu Plan, München 2004.

Steininger, Rolf: Deutsche Geschichte seit 1945, Band 2: 1948–1955, Frankfurt a. M. 1996.

Wandel, Eckhard: Die Entstehung der Bank deutscher Länder und die deutsche Währungsreform 1948, Frankfurt a. M. 1980.

Wehler, Hans-Ulrich: Deutsche Gesellschaftsgeschichte 1914–1949, München 2003.

Zschaler, Frank: Die Entwicklung einer zentralen Finanzverwaltung in der SBZ/DDR (1945–1949/50), in: Mehringer,Hartmut (Hg.): Von der SBZ zur DDR. Studien zum Herrschaftssystem in der Sowjetischen Besatzungszone, München 1995.

Zschaler, Frank: Die vergessene Währungsreform. Vorgeschichte, Durchführung und Ergebnisse der Geldumstellung in der SBZ 1948, in: Vierteljahreshefte für Zeitgeschichte, 4/1999, S. 191–223.